LE CHEIK

DJEMALLEDIN

EL-AFGHANI

MEULAN
IMPRIMERIE AUGUSTE RÉTY
37, RUE GAMBETTA, 37

1896

LE CHEIK

DJEMALLEDIN-EL-AFGHANI

LE CHEIK
DJEMALLEDIN
EL-AFGHANI

MEULAN
IMPRIMERIE AUGUSTE RÉTY
37, RUE GAMBETTA, 37

1896

DJEMALLEDIN-EL-AFGHANI

Le Cheik Djémalledin-El-Afghani, né à Caboul (Afghanistan), en 1839, est descendant de la noble famille du prophète Mahomed.

Dès son jeune âge, il s'était fait remarquer par sa rare intelligence et son goût prononcé pour tout ce qui a rapport à l'art militaire ; à peine âgé de treize ans, il se joint à l'armée afghane dirigée alors contre Belkh.

A dix-huit ans, Djémalledin se trouvait aux Indes, au milieu des luttes acharnées et des atrocités causées par la terrible insurrection des cipayes (en 1857).

De là il se rendit à la Mecque et se dirigea ensuite sur la Perse qu'il traversa d'un bout à l'autre pour s'arrêter à Caboul, son pays natal.

L'Émir Dost-Mohamed-Han, ayant rêvé de conquérir Hérat qui se trouvait alors au pouvoir du Sultan Djan, son neveu et gendre.

Le Cheik Djémalledin accompagnait l'Émir et était au nombre des principaux chefs de son armée. L'Émir Dost étant mort à la veille de prendre Hérat, Djémalledin s'attacha alors à Mohamed-Aazam-Han et à son frère plus célèbre, Mohamed-Afzal-Han (père de l'Émir actuel Abdul-Rahman) qui, en leur qualité de frères de la dynastie aînée, entamèrent contre l'héritier Chir-Ali-Han, frère de la dynastie cadette, une lutte sanglante et acharnée qui dura dix années.

Après cette guerre de dix ans et à la suite d'une défaite, Djémalledin se retira aux Indes qu'il quitta après un an de séjour pour se rendre à Constantinople ; c'était alors au temps d'Ali-Pacha et sous le règne du Sultan Aziz.

Ces longues pérégrinations, ces multiples occupations de la vie des camps n'empêchaient pas Djémalledin de cultiver les hautes études pour lesquelles il avait tant de penchant. Grand observateur, doué d'une mémoire extraordinaire et d'un profond amour de la science, il voyageait partout comme Béas, accompagné de ses livres. Jeune encore, il connaissait déjà tous les ouvrages de l'antiquité, persans et arabes, écrits sur toutes les matières ; aucun des ouvrages modernes traduits en langues orientales ne lui étaient étrangers. Historien éminent, philosophe érudit, possédant à fond les sciences morales et physiques, orateur distingué, il jouissait alors et jouit toujours d'une renommée bien justifiée.

Le Cheik Djémalledin pour la première fois à Constantinople

Attaché au Ministère de l'instruction publique, il donna, sur la demande du ministre Savfet-Pacha, quelques conférences sur la morale, les mœurs et les habitudes de la société.

C'était là un sujet vaste et étendu dans lequel l'orateur excella en tous points, mais, malheureusement pour lui, ses idées libres et éclairées eurent le don de déplaire au Cheik Ul-Islam dont elles blessaient le fanatisme; aussi, ce personnage sollicita et obtint l'expulsion de Djémalledin qui partit bientôt pour l'Égypte.

Le Cheik Djémalledin en Égypte

Là, il professa des cours libres sur la Logique, la Littérature, la Rhétorique, la Philosophie, la Théologie et l'Astronomie, qui furent suivis très assidûment par un grand nombre des étudiants en théologie, élèves de la célèbre Université connue sous le nom de Djami-El-Ezher.

Inspirateur des idées nobles de liberté, de patrie, de vertu, de tolérance, il voyait ses auditeurs augmenter de jour en jour.

Ses meilleurs élèves occupent aujourd'hui les plus hauts postes en Égypte.

Vénérable de la Loge franc-maçonnique, son exemple amena l'adhésion d'un grand nombre de musulmans, d'ulémas et de hauts fonctionnaires.

Son influence augmenta à tel point que Tevfik-Pacha s'en inquiéta, surtout lorsqu'il crut savoir que la main de Djémalledin était pour quelque chose dans la déposition de son père, Ismaël-Pacha.

Aussi, après un séjour de onze ans, et en récompense des services qu'il avait rendus à la science et à l'instruction en Égypte, le Khédive Tevfik l'en expulsa.

Il se rendit alors aux Indes, dans le Deken et le Bengala.

Il écrivit plusieurs mémoires sur différents sujets, en langues persane et afghane, ainsi que quelques fragments sur les doctrines des Babis qu'il condamne comme funestes et malsaines. Parmi ces mémoires, il convient de citer un essai remarquable intitulé : « *De l'influence fâcheuse du matérialisme sur la société.* »

Des Indes, il se dirigea vers la France.

Le Cheik Djémalledin en France et en Angleterre

C'est en 1882 qu'il vint en France.

Presque toute la presse française publia ses nombreux et si intéressants articles sur la politique russe, anglaise, turque et égyptienne et sur le Madhi soudanais.

Plusieurs de ces articles, quoique peu tendres pour la politique anglaise, étaient reproduits et commentés par les grands journaux et recevaient l'approbation de certains hommes d'État de la Grande-Bretagne.

Ses dissertations avec Renan sur « la Science et l'Islam » et les conférences qu'il fit sur ce même sujet lui valurent, de la part du grand philosophe français, des éloges flatteurs qui ont laissé un durable souvenir dans la mémoire des érudits. C'est à Paris qu'il publia son journal « *Urvet ul Vuska* (le lien indissoluble) », journal arabe qui fut apprécié comme une véritable écriture sainte et produisit une profonde impression dans tout le monde de l'Islam (Indes, Perse, Afghanistan, etc.). Ensuite sur le désir de lord Salisbury et de lord Churchill, Djémalledin se rendit à Londres pour y donner ses idées sur la question du Madhi soudanais qui était à l'ordre du jour.

Enfin, en France, comme partout où il se trouva en Europe, Djémalledin entretint des relations intimes avec les savants, les écrivains et les hommes d'État.

Le Cheik Djémalledin en Perse

Après qu'il eut quitté l'Europe pour se rendre à Nedjd, le Schah de Perse, désirant connaître « le savant de l'Islam », l'invita par télégramme à le venir voir. Sur sa route, à Ispahan, il rencontra le prince Zillé-Sultan, qui lui manifesta son affection et son amitié.

Arrivé à Téhéran, le Schah Nasr-ed-Din lui fit brillante réception ; il fit partout ses éloges, jusque dans son harem.

Bientôt, il le nommait Ministre de la guerre et le destinait à être son Sadrazam.

Djémalledin avait parcouru bien des pays et en connaissait la politique. Versé dans l'histoire universelle, familiarisé avec les sciences anciennes et modernes, possédant à fond toutes les religions orientales et occidentales, profond observateur, orateur distingué, les Persans l'admiraient jusqu'à la vénération, de sorte que Princes, Muftehids, Ulémas et personnages de tous rangs affluaient autour de lui. Le Shah en conçut-il quelque ombrage ? Son esprit fût-il imprégné de la crainte de voir grandir encore l'influence morale de Djémalledin sur la population, et le respect et l'affection que celle-ci lui témoignait ? Toujours est-il qu'en présence du changement d'humeur du Schah, Djémalledin jugea bon de demander un congé qui lui fut accordé et quitta cette fois la Perse de son plein gré pour s'arrêter à Moscou.

Le Cheik Djémalledin en Russie

Le célèbre écrivain Katkof écrivit à son sujet les articles les plus flatteurs. A Pétersbourg, il fut l'objet de l'estime de toute la population russe et recherché dans toutes les hautes sociétés.

Il publia dans les journaux russes des articles importants sur la politique Afghane, Persane, Ottomane, Russe et Anglaise qui firent grand bruit dans le monde politique.

Il partait pour Paris dans l'intention de visiter la grande exposition de 1889, lorsqu'il rencontra à Munich le Schah de Perse qui en revenait. Celui-ci l'invita à nouveau, avec tant d'insistance, que Djémalledin consentit à retourner en Perse avec lui.

L'air pur et libre de l'Europe avait probablement produit un effet salutaire sur l'esprit du Schah qui comprenait maintenant que la présence de Djémalledin serait utile à son royaume. Il ne le jalousait plus, ses yeux s'étaient sans doute ouverts à la lumière et il voyait en la personne du philosophe un grand réformateur et un savant indispensable au progrès de son pays.

Le Cheik Djémalledin en Perse pour la deuxième fois

La population afflua de nouveau autour de lui et de manière encore plus imposante que lors de son premier séjour. Les visiteurs ne venaient plus seulement entendre ses conférences comme autrefois, la population éclairée demandait à Djémalledin son intervention pour obtenir qu'une bonne administration fut introduite, qu'une loi, qu'une justice fussent reconnues et pratiquées en Perse.

Il faut reconnaitre que ces vœux étaient bien naturels, car rien de tout cela n'existe dans ce beau pays.

Djémalledin prit à cœur ces demandes et intervint le mieux qu'il put auprès du Schah qui s'y prêta volontiers et redoubla ainsi d'estime et de considération dans l'esprit de son peuple.

C'était une lumière, un jour nouveau qui devait paraitre dans ce coin le plus ténébreux de l'Orient.

Djémalledin était le plus heureux des mortels, car c'était là la vraie gloire, la vraie consolation de tous les maux qu'il avait endurés.

Nouveau Solon, il allait être l'instrument d'une réforme capitale de l'État Persan.

Malheureusement, ces nobles et douces illusions ne se réalisèrent point : elles avaient contre elles le

Sadrazam, qui fit valoir auprès du Schah que le moment n'était pas encore venu d'adopter un code, une loi, en Perse, que la réforme administrative détruirait son autorité, que la justice et la liberté le priveraient de son pouvoir absolu. Par ces arguments et mille autres intrigues, le Sadrazam jeta la timidité et l'hésitation dans le cœur du Schah et, finalement, parvint à le détourner de ses bonnes résolutions.

En présence de cette révolution dans les sentiments de Nasr-el-din, Djémalledin se retira à « Schah-Abdul-Azim », saint édifice situé à 20 kilomètres, par chemin de fer, au-delà de Téhéran. Comprenant les bienfaits de la liberté, le besoin d'une loi établie, d'une justice pratiquée ; sentant que la Réforme dans la religion même, par la tolérance et la disparition du fanatisme, étaient seuls capables de réaliser le progrès et d'assurer le bonheur ; toute la population éclairée et, à sa tête presque tous les princes, les Ulemas, les Ministres et un grand nombre d'officiers se rendirent à Schah-Abdul-Azim, auprès de Djémalledin où l'éminent orateur continua à leur inspirer les plus nobles idées.

Huit mois se passèrent ainsi, le nom de Djémalledin l'Afghan était devenu célèbre, il était cité avec vénération et respect dans toutes les provinces.

Le vœu général était que la tyrannie fut remplacée par la justice, qu'un Code, qu'une Loi fut adoptée, fut-ce au moins comme celle de la Turquie.

Toute la Perse était excitée.

Le Schah, effrayé et craignant que ce mouvement ne portât atteinte à son despotisme, envoya à Schah-Abdul-Azim 500 cavaliers bien armés qui s'emparèrent de Djémalledin, alors malade et dans son lit, et 50 d'entre eux le reconduisirent jusqu'à la frontière Ottomane.

C'est ainsi que Djémalledin fut expulsé.

Cet acte n'eut point de conséquences heureuses pour Nasr-ed-din.

Princes, Mujtéhids, Ulémas, tous blâmèrent sa rudesse.

Les partisans de la Réforme prirent feu et lui causèrent de l'inquiétude.

Partout parurent des brochures et des affiches réclamant, pour la Perse, le droit international. Des lettres menaçantes lui étaient adressées le sommant de donner une loi au pays ou de se retirer.

Sa vie était en danger. Il vit un jour son palais assiégé par le peuple.

Plus tard, des décrets religieux (Fetva) causèrent un demi million de perte pour son trésor (question de la Régie). Trésor rempli par l'argent du peuple torturé et tyrannisé par l'ambition de Schah et de sa suite.

Le froid vigoureux qui régnait au moment de son expulsion augmenta la maladie de Djémalledin qui faillit succomber, mais fort heureusement sa santé se rétablit aprés sept mois de séjour à Bassorah et il put se diriger sur Londres.

Le Cheik Djémalledin à Londres

Il donna à Londres ses premières conférences chez le révérend Hafeïz, plusieurs nobles et hauts fonctionnaires y assistèrent.

Il tint des meetings, d'abord au Club libéral et ensuite dans d'autres clubs. Dans ces discours, Djémalledin révélait les tortures du peuple Persan et la tyrannie du Schah depuis son avènement au Trône.

Il réclamait avec insistance l'intervention du gouvernement britannique pour la déposition du Schah.

Huit mois s'écoulèrent ainsi, pendant lesquels Djémalledin dépensait toute son énergie à poursuivre son but, lorsque Sa Majesté Impériale le Sultan lui fit parvenir par l'entremise de Rustem-Pacha, son ambassadeur à Londres, une lettre flatteuse l'invitant à venir à Constantinople.

Trop préoccupé de sauver le peuple persan de la tyrannie du Schah, Djémalledin se vit obligé par une humble lettre, remise à l'ambassade, de refuser l'auguste invitation qui lui était faite.

Mais le Sultan lui ayant adressé une nouvelle lettre plus flatteuse encore que la première, il répondit par télégramme qu'il se rendrait à l'invitation de Sa Majesté Impériale, mais qu'après la première audience il retournerait en Europe.

C'est dans ces conditions que Cheik Djémalledin-el-Afghani se rendit à Constantinople où il se trouve depuis quatre ans placé entre l'attraction du bon et doux caractère de Sa Majesté Impériale et l'impulsion du caractère corrompu de certains de son entourage.

Il est vrai qu'entre ce flux et reflux, Djémalledin sollicite respectueusement, depuis longtemps, de son auguste amphytrion, un congé qu'il n'a pu encore obtenir.

C'est pourquoi Djémalledin, qui jouit d'une grande influence dans le monde mulsuman, a fixé maintenant sa résidence à Constantinople sur la hauteur du Nichan Tach d'où il regrette fort cette Europe si brillante où le talent et la science peuvent luire et se développer dans leur force, en toute liberté.

C... -E...

AUGUSTE RÉTY. — GRANDE IMPRIMERIE DE MEULAN (S.-ET-O.).

www.ingramcontent.com/pod-product-compliance
Lightning Source LLC
LaVergne TN
LVHW050515160826
845677LV00003B/1153

* 9 7 8 2 3 2 9 6 3 6 6 0 3 *